천국 시민의 삶

천국 시민의 삶

이영훈 지음

초판 01쇄 발행 2016년 10월 20일
초판 11쇄 발행 2025년 05월 29일

발 행 인   이영훈
발 행 처   서울말씀사

출판등록   제2016-000172호
주   소   서울시 영등포구 은행로 55, 5층
전   화   02-846-9222
팩   스   02-846-9225

새신자 양육교재

천국 시민의 삶

이영훈 지음

서울말씀사

천국 시민이 되시기로 결단을 내리신 여러분을 진심으로 환영하며, 축하드립니다.

우리가 예수님을 믿게 된다는 것은 기적 같은 일입니다. 보이지 않고, 들리지 않고, 만져지지 않는 하나님을 믿는다는 것은 하나님의 특별한 선택을 받은 사람들에게 주시는 하나님의 놀라운 은혜입니다.

이러한 은혜를 누리기 위해서는 반드시 선행되어야 하는 것이 있습니다. 하나님에 대해서 아는 것입니다. 그리고 우리 자신이 어떠한 존재인지 바로 알아야 합니다. 이를 위해 새신자를 위한 특별한 교육이 필요합니다.

그동안 여의도순복음교회는 『행복으로의 초대』라는 새신자

교재를 통해 많은 새신자들이 참된 성도로 변화되도록 교육해 왔습니다. 그러나 시간이 흐르면서 새로운 문화와 시대상을 반영한 새로운 교재가 필요하게 되어 새롭게 『천국 시민의 삶』을 발간하게 되었습니다.

새신자가 되었다는 것은 천국 시민으로서의 삶을 새롭게 시작했다는 의미입니다. 따라서 본 교재는 1과부터 3과까지에서는 천국 시민이 되기 위해 받는 구원이란 무엇인지, 그 필요성과 방법, 그리고 구원받은 자의 생활을 소개하고 있습니다. 그리고 4과부터 6과까지에서는 성령충만, 신유와 축복, 구제와 선교라는 구원받은 자의 특권에 대해서 다루고 있습니다.

이 교재를 마지막까지 잘 마무리하심으로써 천국 시민의 삶을 본격적으로 살아가는 여러분이 되시기를 기대합니다. 또한 이 교재를 통하여 천하보다 귀한 영혼이 주님을 만나고 구원을 받는 놀라운 기적이 계속해서 일어나기를 소망합니다.

여의도순복음교회
위임목사 이영훈

차
례

천국
시민의 삶

모든 인간은 하나같이 질병과 고난 가운데 죽음에 이르게 됩니다.

이것은 모든 인간이 구원이 필요한 존재라는 것을 보여줍니다.

문제는 인간은 스스로의 힘으로 구원에 이를 수 없다는 사실입니다.

그러면 인간은 어떻게 구원에 이를 수 있을까요?

그리고 구원받은 사람은 어떤 삶을 살게 될까요?

1부

구원이 필요한 인간

종교의 유무를 떠나서 사람은 평생을 살면서 한 번
쯤은 다음과 같은 질문을 하게 됩니다. "나는 누구
인가? 나는 어떤 존재인가?" 이와 관련된 유명한
일화가 있습니다. 어느 공원에 한 남자가 밤늦도
록 앉아있었습니다. 자정이 지나 순찰을 돌던 사
람이 그를 발견하고 질문을 던졌습니다. "당신은
누구요?" 그러나 그는 대답하지 않았습니다. 그래
도 계속 물으니까 이렇게 말했다고 합니다. "당신
이 던진 질문이야말로 내가 하고 싶은 질문이요.
도대체 나는 누구입니까?" 공원에 앉아있었던 그
남자는 아테네의 유명한 철학자 소크라테스였습
니다.

01

구원의
필요성

1) 인간의 실존 문제

(1) 가장 근본적인 질문 1 : 인간은 어떤 존재인가? 나는 누구인가?

'나는 누구인가?'라는 질문은 온 인류에게 계속되어온 질문입니다. 또한 이 질문은 '인간은 왜 이 땅에서 태어나서 살다가 죽어야 하는가? 그리고 죽음으로 모든 것이 끝인가? 아니면 죽음 이후 어떤 세계가 존재하고 있는 것은 아닌가?'라는 질문들의 출발점이기에 꼭 짚고 넘어가야 합니다. 성경은 인간의 존재에 대해 다음과 같이 말하고 있습니다.

"하나님이 이르시되 우리의 형상을 따라 우리의 모양대로 우리가 사람을 만들고 그들로 바다의 물고기와 하늘의 새와 가축과 온 땅과 땅에 기는 모든 것을 다스리게 하자 하시고 하나님이 자기 형상 곧 하나님의 형상대로 사람을 창조하시되 남자와 여자를 창조하시고" 창세기 1장 26-27절

하나님께서는 흙으로 사람을 지으시고 그 코에 생기를 불어넣으셔서 생령이 되게 하셨습니다. 사람을 지으시되 하나님의 형상과 모양을 따라 아담과 하와를 창조하셨습니다. 세상에 여러 종교와 사상이 있지만 인간 존재의 근원과 가치에 대해 이와 같이 명확하게 설명해주는 종교는 기독교뿐입니다. 성경은 인간이 가지고 있는 가치에 대해 다음과 같이 설명하고 있습니다.

"그러나 너희는 택하신 족속이요 왕 같은 제사장들이요 거룩한 나라요 그의 소유가 된 백성이니 이는 너희를 어두운 데서 불러 내어 그의 기이한 빛에 들어가게 하신 이의 아름다운 덕을 선포하게 하려 하심이라" 베드로전서 2장 9절

⑵ 가장 근본적인 질문 2 : 나의 삶은 어떤 의미가 있는가?

아무리 작은 성냥개비 하나도 그 의미와 목적이 있듯이 세상에 존재하는 모든 것에는 그것이 존재하는 의미와 목적이 있습니다. 그렇다면 하나님이 창조하신 인간의 삶에는 어떤 의미와 목적이 있는 것일까요? 성경은 하나님이 인간을 만드신 목적에 대해 다음과 같이 말하고 있습니다.

> "하나님이 그들에게 복을 주시며 하나님이 그들에게 이르시되 생육하고 번성하여 땅에 충만하라, 땅을 정복하라, 바다의 물고기와 하늘의 새와 땅에 움직이는 모든 생물을 다스리라 하시니라" 창세기 1장 28절

성경은 인간 창조의 최우선 목적이 인간에게 복을 주고, 이 땅에서 풍요롭고 평화롭게 살게 하는 것이었음을 말하고 있습니다. 하나님이 창조하신 세상은 갈등도 존재하지 않았고, 불평등도 존재하지 않았습니다. 원래 세상은 행복과 평화와 정의가 넘치는 곳이었기에 미움도 부족함도 없던 낙원이었습니다.

(3) 가장 근본적인 질문3 : 왜 현실에는 고통과 고난이 존재하는가?

위에서 말한 바와 같이 원래 인간은 평화롭게 풍요롭게 복되게 살아가는 존재였습니다. 그러나 인간의 역사를 되돌아보면 고통과 슬픔이 없었던 적이 없다는 사실을 알게 됩니다. 그래서 사람들은 '언제부터 그리고 왜 인간의 삶에 고통과 고난이 존재했는가?'라는 질문을 던지게 됩니다. 성경은 이 문제에 대해 이렇게 대답합니다.

> "모든 사람이 죄를 범하였으매 하나님의 영광에 이르지 못하더니" 로마서 3장 23절

세상이 평화롭지 못하고 공의롭지 못한 것은 인간 본성에 스며있는 죄의 성향 때문입니다. 이러한 죄의 성향은 인류의 조상으로부터 후손들에게 유전되어 내려오는 것으로서 이 땅에 태어난 모든 사람들이 공통적으로 가지고 있는 것입니다. 또한 죄성은 인간을 하나님으로부터 격리시키고, 죄의 부수적인 결과로 인간에게 질병과 고통과 죽음을 경험하게 만듭니다.

"그러므로 한 사람으로 말미암아 죄가 세상에 들어오고 죄로 말미암아 사망이 들어왔나니 이와 같이 모든 사람이 죄를 지었으므로 사망이 모든 사람에게 이르렀느니라" 로마서 5장 12절

(4) 죄로 인한 심판과 형벌

죄는 인간이 사는 동안 질병과 고통의 원인이 될 뿐만 아니라, 죽음 이후에도 중대한 영향을 미치게 됩니다. 우리는 인간이 육체적인 죽음으로 모든 것이 끝나는 존재가 아니라는 사실을 반드시 깨달아야 합니다. 죽음 이후에는 영원한 삶과 영원한 죽음을 결정하는 하나님의 심판이 있습니다.

"한번 죽는 것은 사람에게 정해진 것이요 그 후에는 심판이 있으리니" 히브리서 9장 27절

† 요약

1. 인간은 하나님의 형상과 모양을 따라 창조된 존재입니다. 따라서 인간이란 하나님의 형상을 품은 존귀한 존재입니다.

2. 세상에 존재하는 모든 것에 그것이 만들어진 의미와 목적이 있듯이 인간에게도 창조된 의미와 목적이 있습니다. 그것은 행복한 삶을 살아가는 것입니다.

3. 인간의 현실에 질병과 고통과 죽음이 존재하는 것은 인간이 가지고 있는 죄의 본성 때문입니다. 인류의 조상으로부터 유전된 죄의 본성에서 자유로울 사람은 아무도 없습니다.

4. 범죄와 타락의 결과로 인간은 심판을 받아 영혼과 육신과 환경에 사망과 저주가 다가오게 되었습니다. 모든 인간은 죽음 이후에 죄에 대한 심판의 자리에 서야만하는 존재입니다.

† 묵상

1. 아담과 하와가 하나님의 형상으로 창조되었다는 것은 어떤 의미를 가질까요?

2. 인간의 죄의 문제를 어떻게 해결해야 할까요?

3. 죄인으로서 인간의 실존은 어떤 것인가요?

† 적용

1. 하나님의 형상으로 지음받은 인간의 존엄성을 생각하고 자신과 이웃을 대해봅시다.

2. 하나님의 말씀에 대한 순종을 통하여 하나님의 명령에 순종합시다.

3. 하나님을 의지하여 죄악 된 본성을 이기고 하나님의 선하심과 신실하심을 닮아갑시다.

2) 죄와 벌

(1) 영혼의 죽음 - 하나님과의 관계 상실

모든 표범이 태어날 때 반점을 가지고 태어나는 이유는 표범의 조상에서부터 반점을 가지고 있었기 때문입니다. 마찬가지로 인간이 죄를 가지고 태어나는 이유는 인류의 조상 때부터 죄를 가지고 있었기 때문입니다.

"야훼 하나님이 그 사람에게 명하여 이르시되 동산 각종 나무의 열매는 네가 임의로 먹되 선악을 알게 하는 나무의 열매는 먹지 말라 네가 먹는 날에는 반드시 죽으리라 하시니라" 창세기 2장 16-17절

"죄의 삯은 사망이요" 로마서 6장 23절 상반절

죄는 제일 먼저 인간의 영을 죽입니다. 영이 죽었다는 것은 하나님과의 대화가 끊어지고 하나님과 분리된 것을 말합니다. 영이 죽은 인간은 오관을 통한 감각적 지식을 얻을 수 있

으나 하나님을 알 수 없으며, 영적 지식을 깨달을 수 없게 되었습니다.

> "전에는 우리도 다 그 가운데서 우리 육체의 욕심을 따라 지내며 육체와 마음의 원하는 것을 하여 다른 이들과 같이 본질상 진노의 자녀이었더니" 에베소서 2장 3절

하나님과의 관계가 끊어지고 하나님의 영광이 떠난 인간은 당연히 영혼과 마음과 육신이 모두 죄로 인해 부패하게 되었습니다. 이전에는 거룩한 하나님의 자녀였지만 죄를 지은 이후에는 마귀의 종이 되었습니다. 그 마음과 생각에는 육신의 정욕, 안목의 정욕, 이생의 자랑이 자리 잡고 있으며, 생각과 행동과 말이 모두 죄로 가득 차게 되었습니다.

(2) 육신의 죽음 - 질병

> "네가 흙으로 돌아갈 때까지 얼굴에 땀을 흘려야 먹을 것을 먹으리니 네가 그것에서 취함을 입었음이라 너는 흙이니 흙으로 돌아갈 것이니라 하시니라" 창세기 3장 19절

인간은 죄로 인해 영혼이 죽었을 뿐만 아니라, 육신도 더 이상 영원히 살 수 없게 되었습니다. 육체적 사망을 선고받은 인간은 마음과 육신에 온갖 종류의 질병과 연약이 들어와 고통을 당하게 되고 결국은 죽어 흙으로 돌아가게 되었습니다.

(3) 생활의 저주 - 수고와 고통

"아담에게 이르시되 네가 네 아내의 말을 듣고 내가 네게 먹지 말라 한 나무의 열매를 먹었은즉 땅은 너로 말미암아 저주를 받고 너는 네 평생에 수고하여야 그 소산을 먹으리라"
창세기 3장 17절

인간의 타락으로 인한 심판은 인간의 삶을 둘러싸고 있는 환경에까지 영향을 미쳤습니다. 인간의 죄로 인해 인간이 거할 터전인 땅도 저주를 받았습니다. 원래 자연과 인간은 상호의존적이고 우호적인 관계였지만 인간의 타락 후에 인간은 자연을 훼손하고 오염시키게 되었으며, 역으로 오염된 자연은 인간에게 재해를 가져왔습니다.

(4) 영원한 죽음 - 영벌과 지옥

"하나님을 모르는 자들과 우리 주 예수의 복음에 복종하지 않는 자들에게 형벌을 내리시리니 이런 자들은 주의 얼굴과 그의 힘의 영광을 떠나 영원한 멸망의 형벌을 받으리로다"
데살로니가후서 1장 8-9절

나아가 죄인이 된 인간은 마지막 심판 때에 영원한 사망에 들어가게 됩니다. 영적으로 하나님과 분리된 인간은 육체적으로 죽으면 영원한 형벌에 처하게 되는 것입니다.

"또 왼편에 있는 자들에게 이르시되 저주를 받은 자들아 나를 떠나 마귀와 그 사자들을 위하여 예비된 영원한 불에 들어가라" 마태복음 25장 41절

영원한 죽음이란 하나님으로부터의 영원한 분리를 말합니다. 마지막 심판대 앞에서 구원받지 못한 자들은 영벌, 즉 영원한 불못에 들어가게 되는데 이것이 바로 둘째 사망입니다 (계 20장).

러시아의 작가인 도스토예프스키는 비참한 삶을 살았습니다. 그는 의사의 아들로 태어났지만 어렸을 때 그의 아버지는 농민을 학대하다가 살해당했고 어머니는 아버지의 학대로 고통받고 폐결핵을 앓다가 죽었습니다. 당시 16세였던 그는 충격과 상실감 가운데 방황하다가 28세에 사회주의 운동에 가담하여 체포되고 사형선고를 받았습니다. 그의 천재적인 문학적 재질 때문에 황제의 특사를 받아 사형은 면했지만 4년간 시베리아에 유배되었습니다. 그 후 결혼했지만 아내는 병으로 죽었고 그의 첫 아들이 추위와 생활고 때문에 죽는 처참함을 경험해야 했습니다. 그리고 그는 거의 평생을 간질환자로 살았습니다. 이처럼 인생의 온갖 고통을 짊어지고 살았던 그가 『죄와 벌』, 『카라마조프의 형제』 등과 같은 불후의 명작을 쓸 수 있었던 이유는 우연히 읽게 된 성경 때문이었습니다. 그는 성경에서 하나님을 발견하고 예수 그리스도를 구주로 영접하였으며 하나님 앞에서 '인간의 양심'에 대해 깊이 생각하게 되었습니다. 새롭게 태어난 그는 양심에 대한 깨달음과 성경의 진리를 접목하여 최고의 작품을 만들어냈습니다. 구원받지 못한 인간은 죄와 형벌 속에서 살아야 합니다. 그러나 예수 그리스도를 믿고 구원받으면 누구든지 죄에서 자유함을 얻고 형벌에서 놓임받아 완전히 새로운 삶을 살 수 있습니다.

† 요약

1. 하나님의 명령을 어기고 죄를 지은 인간은 하나님의 심판을 받게 되었습니다. 먼저 인간은 영이 죽어 하나님과의 관계에서 끊어졌습니다. 이후 영이 죽은 인간은 하나님을 아는 지식에서 끊어졌습니다.

2. 죄를 범한 인간은 영과 육이 죽게 되었고 인간의 마음과 육신에 온갖 질병이 들어오게 되었습니다. 결국 인간은 고통을 당하다가 죽어 흙으로 돌아가게 되었고 죽음 후에는 하나님과 분리되어 영원한 불못에 들어가는 운명에 처하게 되었습니다.

3. 인간의 타락으로 인한 심판은 생활에도 영향을 끼쳤습니다. 인간의 죄로 인해 땅도 저주를 받아 가시와 엉겅퀴를 내게 되었고 인간은 땀 흘리며 생존을 위해 투쟁하게 되었습니다.

† 묵상

1. 영이 죽은 인간의 특징은 무엇입니까?

2. 육신의 질병과 연약함은 죄와 어떤 관련이 있습니까?

3. 삶의 저주는 우리 삶의 어떤 영역들에서 관련을 가지는 것일까요?

† 적용

1. 하나님을 알기 위해 하나님의 특별 계시인 성경을 공부합시다.

2. 하나님과의 바른 관계를 통해 심신의 건강한 삶을 영위합시다.

3. 예수 그리스도의 대속의 은혜를 통해 삶의 축복을 회복합시다.

전 과에서 인간은 원래 하나님의 형상을 따라 창조된 피조물이었으나 죄를 짓고 타락함으로 심판과 형벌 아래에 놓이게 되었다는 것과 이 때문에 구원이 필요하다는 사실을 배웠습니다. 그렇다면 인간은 어떻게 구원을 받을 수 있는 것일까요? 구원을 받는 방법은 무엇일까요? 이번 과에서는 심판과 형벌 아래에 놓인 인간이 어떠한 방법을 통하여 구원을 받을 수 있는지에 대해 살펴보도록 하겠습니다.

02

구원의
방법

1) 구원의 길 찾기

(1) 구원에 대한 다양한 주장

"어떤 길은 사람이 보기에 바르나 필경은 사망의 길이니라"

잠언 14장 12절

세상에는 많은 종교들이 존재합니다. 대표적인 종교로는 기독교, 유대교, 이슬람교, 불교, 힌두교, 유교, 도교 등을 꼽을 수 있습니다. 그래서 사람들은 구원과 구원의 방법이 종교의 수만큼이나 다양할 것이라고 생각합니다. 왜냐하면 각각의 종교들이 서로 다른 구원과 구원의 길을 제시하고 있다고 알고 있기 때문입니다. 그러나 사실은 그렇지 않습니다. 다양한 종교들이 추구하고 있는 구원의 길을 분석하면 의외의 결과가 나옵니다. 대표적인 종교들의 구원의 방법과 구원 방식을 간략하게 정리하면 다음과 같습니다.

	구원의 방법	구원 방식
기독교	인간의 죄를 대속하기 위해 십자가에서 죽으신 예수 그리스도를 믿어야 함.	타력구원
유대교	유대인들에게 주어진 토라라는 수많은 율법을 어기지 않고 행해야 구원에 도달할 수 있음.	자력구원
이슬람	소위 다섯 기둥(신조/기도/자선/라마단/순례)을 일생 동안 행해야 구원에 이를 수 있음.	자력구원
불교	평생 수양과 명상을 통해 자기를 비워야 구원/해탈(解脫)의 경지에 이를 수 있음.	자력구원
힌두교	현세에서 선한 행위를 행해야 윤회(輪迴)의 삶을 탈출하여 구원받을 수 있음.	자력구원
유교	오륜(五倫)을 실행해야만 평화로운 세상을 추구할 수 있음(사실상 구원의 개념 없음).	자력구원
도교	무위(無爲)를 통한 치병과 장생의 삶을 사는 것(사실상 구원의 개념 없음).	자력구원

(2) 이룰 수 없는 구원의 길

"누가 철학과 헛된 속임수로 너희를 사로잡을까 주의하라 이것은 사람의 전통과 세상의 초등학문을 따름이요 그리스도를 따름이 아니니라" 골로새서 2장 8절

위의 비교가 말해주고 있듯이 세계의 7대 종교가 제시하고 있는 구원의 길은 단 두 가지입니다. 자기의 행위로 구원을 이루느냐? 아니면 누군가의 도움으로 구원을 이루느냐? 우리는 자기의 행위로 구원받는 것을 '자력구원'(自力救援)이라 하고, 누군가의 도움으로 구원받는 것을 '타력구원'(他力救援)이라 부릅니다. 각각의 종교가 자신들이 생각하는 다양한 구원의 방법을 제시하지만 결국은 기독교를 제외한 다른 종교들이 말하는 구원의 방식은 자력구원일 뿐입니다.

우리는 우리 스스로에게 질문해보아야 합니다. 우리가 스스로를 구원할 수 있을까요? 다양한 종교들이 제시하고 있는 모든 규례들을 어기지 않고 지켜 구원에 이를 수 있을까요?

인간 스스로가 자기를 구원할 수 있다는 가르침은 모두 헛된 속임수에 불과합니다. 인간은 스스로를 구원할 수 없습니

다. 인류의 역사가 그것을 증명하고 있습니다. 과학과 문명이 점점 더 발달되고 있지만 인간들이 모여 사는 사회는 갈수록 악해져만 가기 때문입니다. 인간 스스로에게서는 선한 것을 결코 기대할 수 없습니다. 왜냐하면 모든 인간은 죄를 저지르려는 성질 즉 죄성(罪性)을 가지고 있기 때문입니다.

"모든 사람이 죄를 범하였으매 하나님의 영광에 이르지 못하더니" 로마서 3장 23절

존 맥아더 목사님은 다음과 같이 말했습니다. "신자가 되면 하나님이 '새 마음'을 허락하십니다(엡 4:23). 그러나 새 마음에 '새 생각'을 채우는 것은 '우리의 몫'입니다. 갓난아이는 새 마음을 가지고 태어나지만, 이후 아이의 마음에 주어지는 '여러 가지 인상들'이 앞으로의 삶의 길을 결정합니다. 신자의 경우도 마찬가지입니다. 하나님 나라의 시민이 되는 순간 우리에게는 '새 마음'이 주어지지만, 그때부터 이 새 마음에 올바른 생각을 쌓아나가야 합니다."
세상에는 인간이 할 수 있는 일들과 인간이 할 수 없는 일들이 존재합니다. 새 마음을 허락해 주시는 것은 하나님의 영역에 속하는 일이고, 그 마음에 새로운 생각을 채우는 일은 인간의 영역에 속하는 일입니다. 두 영역의 일을 올바로 구분하는 것이 진정한 지혜입니다.

† 요약

1. 세상에는 많은 종교들이 있습니다. 그러나 십자가에서 돌아가신 예수 그리스도를 믿음으로 구원을 얻는다고 믿는 기독교를 제외하면 다른 종교들이 말하는 구원의 방식은 자신의 행위로 구원을 얻는 것입니다.

2. 종교가 제시하는 모든 율법과 규례를 지키고 스스로의 의로운 행위로 구원을 이룰 수 있는 인간은 없습니다. 모든 인간은 죄를 저지르려는 성질인 죄성을 가지고 있어서 스스로를 구원할 수 없기 때문입니다.

† 묵상

1. 수많은 고통과 갈등 속에서 살아가는 인간에게 스스로를 구원할 수 있는 능력이 있을까요?

2. 인간이 스스로를 구원할 수 있는 방법이 없다면 인간은 어떻게 구원을 받을 수 있는지 생각해봅시다.

† 적용

1. 내가 할 수 있는 것과 내가 할 수 없는 것의 목록을 적어봅시다.

2. 골로새서 2장 8절과 로마서 3장 23절 말씀을 여러 번 소리 내어 읽으면서 암송합니다.

2) 구원의 유일한 길

(1) 하나님으로부터의 구원

"하나님이 세상을 이처럼 사랑하사 독생자를 주셨으니 이는 그를 믿는 자마다 멸망하지 않고 영생을 얻게 하려 하심이라 하나님이 그 아들을 세상에 보내신 것은 세상을 심판하려 하심이 아니요 그로 말미암아 세상이 구원을 받게 하려 하심이라" 요한복음 3장 16-17절

우리는 앞에서 구원이란 인간 스스로에 의해서 이루어지는 것이 아니라는 사실을 배웠습니다. 왜냐하면 인간 속에는 죄성(罪性)이 내포되어있고, 인간은 모든 것을 알 수 있는 전지적인 존재가 아니기 때문입니다. 따라서 참된 구원은 오직 전지전능(全知全能)하시고 거룩하신 하나님에 의해서만 제시되어질 수 있습니다.

그래서 하나님께서는 인간에게 예수 그리스도라는 구원의 길을 제시하셨습니다. 인간은 스스로를 구원하려는 자력구원

의 길을 버리고, 하나님의 아들인 예수 그리스도의 희생을 통한 타력구원의 길을 믿고 인정할 때에만 구원을 얻을 수 있습니다.

(2) 유일한 구원의 길: 예수 그리스도

"다른 이로써는 구원을 받을 수 없나니 천하 사람 중에 구원을 받을 만한 다른 이름을 우리에게 주신 일이 없음이라 하였더라" 사도행전 4장 12절

예수님을 믿지 않는 사람들은 종종 이렇게 질문합니다. "이 세상에는 건전한 종교들이 많은데 왜 예수님을 믿어야만 구원을 받을 수 있다는 것인가요?" 아무리 절대적 진리를 부정하는 포스트모더니즘의 시대에 살고 있다고 해도 부인할 수 없는 진리는 존재합니다. 세상의 많은 사람들이 도덕과 선행, 철학과 종교 등으로 스스로 구원에 이르기 위해 끊임없이 애쓰고 있습니다. 그러나 하나님의 말씀이며 진리인 성경은 다른 이로써는 구원을 얻을 수 없으며, 천하 인간에 구원을 얻을 만한 다른 이름이 주어진 적이 없다고 기록하고 있습니다.

"그가 찔림은 우리의 허물 때문이요 그가 상함은 우리의 죄악 때문이라 그가 징계를 받으므로 우리는 평화를 누리고 그가 채찍에 맞으므로 우리는 나음을 받았도다" 이사야 53장 5절

모든 인간은 죄를 범한 존재들이기 때문에 결국에는 심판을 받게 됩니다. 그런데 죄에 대한 심판은 사망입니다. 따라서 인간은 결국 사망에 이르게 됩니다. 이러한 사망의 심판에서 인간을 구원할 수 있는 분은 오직 예수 그리스도뿐입니다. 왜냐하면 예수님께서 죄가 없으신 하나님의 독생자로서 죄인 된 인간을 구원하시기 위하여 십자가 위에서 찔리시고 상하심으로 징계를 대신 받으셨기 때문입니다.

(3) 진정한 복음: 십자가의 죽음과 부활

"그러나 이제 그리스도께서 죽은 자 가운데서 다시 살아나사 잠자는 자들의 첫 열매가 되셨도다" 고린도전서 15장 20절

예수 그리스도가 유일한 구원의 길이 되실 수 있는 또 하나

의 이유는 예수님께서 직접 구원의 표본이 되어주셨기 때문입니다. 인간은 죄로 인해 죽을 수밖에 없는 존재이므로 죽음 앞에서 절망할 수밖에 없습니다. 그러나 예수님께서는 죽으신 지 사흘 만에 죽음을 이기시고 부활의 첫 열매가 되셨습니다. 그러므로 예수님을 믿는 사람들은 죽음 앞에 두려워하거나 절망할 필요가 없습니다. 죽음을 이기신 예수님을 믿으면 우리도 예수님처럼 죽음을 이기고 부활할 수 있기 때문입니다.

"그 후에 열한 제자가 음식 먹을 때에 예수께서 그들에게 나타나사 그들의 믿음 없는 것과 마음이 완악한 것을 꾸짖으시니 이는 자기가 살아난 것을 본 자들의 말을 믿지 아니함일러라" 마가복음 16장 14절

예수님의 죽음을 의심하는 사람들은 없었습니다. 예수님께서 수많은 사람들이 지켜보는 가운데 십자가 위에서 피 흘려 죽으셨기 때문입니다. 그런데 예수님의 죽음을 보았던 사람들은 예수님의 부활을 증거할 수밖에 없었습니다. 부활하신 예수님이 그들 앞에 나타나셨기 때문입니다. 예수님께서 우리에게 구원의 길이 되실 수 있는 것은 몸소 죽음을 이기고 부활하

셨기 때문입니다. 세상의 어떤 종교 지도자도 죽음을 이긴 사람은 없습니다. 오직 예수님만이 실제로 죽음을 이기셨고 그것을 부활로 증명하셨습니다. 예수님을 믿으면 죽음을 이기고 부활하여 영원한 생명을 얻을 수 있습니다. 이것이 복음의 핵심입니다.

미국 크로스포인트교회의 담임인 피트 윌슨 목사님은 『다시 일어서는 힘 플랜B』에서 다음과 같이 말했습니다. "지금 어둠 속을 헤매고 있습니까? 하나님이 계시지 않는 것만 같습니까? 이젠 돌이킬 수 없는 강을 건넜다고 생각하십니까? 그러나 성경은 우리에게 '소망 가득한 메시지'를 던져줍니다. 그것은 하나님이 '절망적인 상황'에서 '최고의 역사'를 펼치신다는 것입니다! 우리가 섬기는 하나님은 '부활 전문가'이십니다! 특히 '절망적인 상황'에서 '진가'를 발휘하시는 분이십니다! '절망의 끝인 죽음을 이기신 분'에게 감당하지 못할 상황은 어디에도 없습니다. 이것이 제가 하늘이 무너져도 걱정하지 않는 이유입니다!"

† 요약

1. 인간은 죄의 문제를 스스로 해결할 자격도 능력도 없습니다. 이 문제는 오직 거룩하시고 전능하신 하나님만이 해결하실 수 있는 문제입니다. 그래서 하나님은 예수 그리스도라는 길을 제시하셨습니다.

2. 예수 그리스도가 유일한 구원의 길이 되실 수 있는 이유는 그는 죄가 없으신 하나님의 아들임에도 불구하고 십자가에서 죽으심으로 인간의 죄에 대한 대가를 지불하셨기 때문입니다.

3. 예수 그리스도가 유일한 구원자가 되실 수 있는 또 하나의 이유는 예수님의 부활 때문입니다. 예수님은 죽음을 이길 수 있음을 몸소 증명하셨습니다. 영원히 죽을 수밖에 없는 인간에게 예수님의 부활은 기쁨의 소식, 곧 복음입니다.

† 묵상

1. 사람이 죽는 것은 모든 사람들에게 공평하게 적용되는 자연의 법칙입니다. 사람이 죽은 후에는 무엇이 기다리고 있을까요? 히브리서 9장 27절 말씀을 읽고 그 의미를 생각해봅시다.

2. 왜 예수 그리스도 외에는 인간을 구원할 자가 없다고 하는 것일
   까요? 진정한 구원을 베풀 수 있는 자는 어떤 자격과 능력이 필
   요하다고 생각하십니까? 사도행전 4장 12절의 말씀을 읽고 생각
   해봅시다.

3. 초대 교회의 사람들이 예수 그리스도의 부활을 믿었던 이유는 무
   엇일까요? 고린도전서 15장 4-6절 말씀을 읽고 생각해봅시다.

† 적용

1. 영원히 죽을 운명의 인간들을 위해 독생자 예수 그리스도를 이 땅
   에 보내신 하나님의 사랑에 감사하는 삶을 삽시다.

2. 전지전능하신 하나님께 우리의 삶을 인도해달라고 기도하는 하
   루가 됩시다.

3. 부활에 대한 소망을 떠올리며 매 순간 기쁨으로 살아갑시다.

예수님을 믿고 구주로 영접한 사람은 구원을 얻게
됩니다. 하지만 구원이 신앙생활의 전부는 아닙니
다. 구원을 받고 하나님의 백성이 된 사람들은 하
나님의 백성으로서의 삶을 살아야 합니다. 구원받
은 성도들은 세상에서 즐기던 것을 끊고 그리스
도인으로서 변화된 삶을 살아야 합니다. 이번 과
에서는 구원받은 성도들의 생활에 대해 알아보도
록 하겠습니다.

03

구원받은 자의 생활

1) 예배 생활

　구원받은 성도의 삶 가운데 가장 큰 변화는 예배의 삶입니다. 하나님께 예배드리는 것은 그리스도인의 특권이자 축복입니다. 구원받은 사람들은 예배가 중심이 되는 삶을 살아야 합니다. 아무리 바쁘더라도 하나님께 예배를 드리는 것을 잊어버려서는 안 됩니다.

　예배는 교회에 참석하여 드리는 것으로 끝나서는 안 됩니다. 예배의 참된 의미는 장소와 시간에 상관없이 '자신이 가장 가치 있게 여기는 것'을 하나님께 드리는 행위를 의미합니다. 그러므로 우리는 마음과 정성을 다해 우리의 전 삶을 드려 하나님을 예배해야 합니다.

(1) 하나님은 예배받으시기 합당한 분

하나님은 천지를 창조하시고 주관하신 분이심과 동시에 우리를 지으시고 구원하신 분이십니다. 그러므로 하나님은 예배를 받으시기에 합당한 분이십니다. 특별히 예배는 구원받은 사람들과 하나님의 영적인 만남이 이루어지는 시간입니다. 성도들은 예배를 통해 하나님의 말씀을 듣고 찬양으로 하나님께 경배를 드립니다. 더불어 하나님은 그가 만드신 피조물들로부터 영광과 존귀와 능력을 받으시기에 합당한 분이십니다. 하나님의 형상대로 지음 받은 인간을 포함한 모든 피조물들이 하나님을 예배하는 것은 당연한 일입니다.

"할렐루야 하늘에서 야훼를 찬양하며 높은 데서 그를 찬양할지어다 그의 모든 천사여 찬양하며 모든 군대여 그를 찬양할지어다 해와 달아 그를 찬양하며 밝은 별들아 다 그를 찬양할지어다 하늘의 하늘도 그를 찬양하며 하늘 위에 있는

물들도 그를 찬양할지어다 그것들이 야훼의 이름을 찬양함은 그가 명령하시므로 지음을 받았음이로다" 시편 148장 1-5절

예배는 하나님의 전능하심과 주권을 인정하는 행위입니다. 하나님께 예배하고 경배함으로써 하나님은 창조주이시며 우리는 그의 피조물이라는 것을 시인하게 됩니다.

(2) 예배하는 자를 찾으시는 하나님

예배 중심적인 삶을 살아가는 것은 구원받은 사람의 변화된 모습입니다. 삶 가운데 예배가 없다면 구원받은 사람의 삶이 아닙니다. 하나님께서는 하나님께 예배하는 자를 찾고 계십니다.

"아버지께 참되게 예배하는 자들은 영과 진리로 예배할 때가 오나니 곧 이 때라 아버지께서는 자기에게 이렇게 예배하는 자들을 찾으시느니라" 요한복음 4장 23절

성도들은 겸손히 하나님께 나아가 예배하고 하나님의 도움을 구해야 합니다. 하나님께서는 하나님을 찾는 사람들을 외

면하시지 않으십니다. 하나님을 사모하며 찾을 때 하나님께서는 우리를 만나주십니다.

(3) 예배를 통해 이루어지는 하나님과의 영적인 교제

예배는 하나님과의 영적인 교제가 이루어지는 통로입니다. 예배를 통해 전능하신 하나님을 찬양하고 하나님의 말씀을 들을 때 영적인 교제가 이루어집니다. 예배가 없는 삶은 그리스도인의 삶이 아닙니다. 성도들은 예배를 통해 하나님과의 인격적이고 영적인 만남을 가져야 합니다.

복음전도자 D. L. 무디가 하루는 서재에 앉아 글을 쓰고 있는데 5살 난 그의 아들이 들어왔습니다. 무디는 아들이 자신의 일을 방해하지 않기를 바라며 "무얼 원하니, 얘야?" 하고 물었습니다. 그러자 그의 아들은 "아무 것도 원하지 않아요. 아빠와 함께 있고 싶어서 들어왔어요."라고 대답했습니다. 그러고 나서 바닥에 앉아 조용히 놀기 시작했습니다. 무디는 이런 아들의 모습에서 하나님의 임재 가운데 거하는 성도들의 모습을 발견했다고 합니다. 무디의 아들은 단지 그의 아버지가 있는 곳에 있기를 원했던 것입니다. 우리도 하나님의 임재가 있는 예배를 사모하며 하나님과의 영적인 교제를 지속적으로 이루어가야 합니다.

예배를 소홀히 하면 그리스도인으로서의 삶이 무너지게 됩니다. 하나님과의 영적인 교제가 없는 상태에서는 하나님의 도우심과 축복을 기대할 수 없습니다. 형식적이고 습관적으로 드리는 예배는 참된 예배가 아닙니다. 예배를 드릴 때는 마음과 뜻과 정성을 다해야 합니다.

참된 예배는 예배드리는 그 시간만을 의미하지 않습니다. 참된 예배는 우리의 삶 전체를 통해 하나님을 섬기고 따르는 것을 말합니다. 구원받은 성도들은 참된 예배를 통해 하나님과 교제하며 믿음이 더욱 성장해가야 합니다.

† 요약

1. 예수님을 믿고 구원받은 성도들은 새로운 삶을 살아야 합니다. 세상 사람들과 가장 구별되는 성도의 삶은 예배의 삶입니다. 예배를 통해 구원받은 성도들은 믿음을 성장시키고 하나님과 영적인 교제를 나눌 수 있습니다.

2. 모든 만물을 창조하시고 인간의 생사화복을 주관하시는 하나님께 예배를 드리는 것은 구원받은 성도들의 당연한 일입니다. 하나님께서는 하나님께 예배하는 사람을 찾고 계십니다.

3. 하나님께서 기뻐하시는 예배는 참된 예배입니다. 우리는 마음과 뜻과 정성을 다해 하나님께 예배를 드려야 합니다. 형식적이고 습관적인 예배는 참된 예배가 될 수 없습니다. 우리의 삶 전체를 통해 하나님께 영광을 돌리는 것이 참된 예배입니다.

† 묵상

1. 구원받은 성도와 세상 사람들의 삶은 어떻게 다른지 생각해봅시다.

2. 하나님께서 기뻐하시는 참된 예배는 무엇입니까? 어떻게 하면 참된 예배의 삶을 살 수 있을지 생각해봅시다.

† 적용

1. 구원받기 이전과 구원받은 이후의 삶이 어떻게 다른지 생각해보고 차이점을 적어봅시다.

2. 요한복음 4장 23절의 말씀은 성도가 어떻게 하나님께 예배를 드려야 하는지 말씀해주고 있습니다. 요한복음 4장 23절의 말씀을 읽고 묵상하고 암기합시다.

2) 말씀과 기도

(1) 말씀 생활

사람은 하나님의 형상대로 지음을 받은 영적인 존재입니다. 그러므로 사람에게는 육신의 양식뿐만 아니라 영의 양식인 하나님의 말씀이 필요합니다(마 4:4). 하나님의 말씀은 우리의 영을 강건하고 능력 있게 하며, 우리의 삶을 평안과 기쁨으로 채워줍니다. 하나님의 말씀을 사모하며 가까이할 때 더욱더 풍성한 하나님의 은혜와 사랑을 체험할 수 있습니다.

① 말씀을 읽는 법

성경 읽기를 생활화하기 위해서는 무엇보다 말씀에 대한 사모함이 있어야 합니다. 성경이 살아계신 하나님의 말씀이며, 진리임을 믿는 온전한 믿음을 가져야 합니다. 더불어 체계적이고, 꾸준하게 말씀을 읽어야 합니다. 성경학교 등의 프로그램을 통해 성경을 공부할 경우 성경의 의미를 더 정확하고 쉽게 깨달을 수 있습니다.

"베뢰아에 있는 사람들은 데살로니가에 있는 사람들보다 더 너그러워서 간절한 마음으로 말씀을 받고 이것이 그러한가 하여 날마다 성경을 상고하므로" 사도행전 17장 11절

② 말씀에 대한 신뢰

성경 말씀에는 하나님의 약속이 담겨있습니다. 하나님은 신실하신 분으로 약속하신 것을 반드시 이루십니다. 그러므로 우리는 약속의 말씀을 신뢰하고 의지해야 합니다(행 10:23). 하나님의 말씀은 우리의 생각과 감정을 초월하기 때문에 이를 온전히 이해하는 것은 불가능합니다. 그러나 우리가 성령으로 충만할 때 우리 안에 말씀에 대한 믿음이 생기게 되고, 삶 가운데 놀라운 기적을 체험할 수 있습니다.

"이러므로 우리가 하나님께 끊임없이 감사함은 너희가 우리에게 들은 바 하나님의 말씀을 받을 때에 사람의 말로 받지 아니하고 하나님의 말씀으로 받음이니 진실로 그러하도다 이 말씀이 또한 너희 믿는 자 가운데에서 역사하느니라"

데살로니가전서 2장 13절

③ 말씀에 순종할 것

하나님의 말씀은 살아있고 운동력이 있어 삶을 변화시키는 능력이 있습니다(히 4:12). 그러므로 말씀에 순종할 때 하나님의 약속과 축복을 역동적으로 누리게 됩니다. 단순히 말씀을 아는 것, 듣는 것에서 멈추는 것이 아니라, 순종의 삶을 사는 것이 성공적인 신앙생활의 비결입니다. 예수님은 우리가 순종해야 할 말씀을 다음과 같이 요약해주셨습니다.

"예수께서 이르시되 네 마음을 다하고 목숨을 다하고 뜻을 다하여 주 너의 하나님을 사랑하라 하셨으니 이것이 크고 첫째 되는 계명이요 둘째도 그와 같으니 네 이웃을 네 자신 같이 사랑하라 하셨으니 이 두 계명이 온 율법과 선지자의 강령이니라" 마태복음 22장 37-40절

(2) 기도 생활

사람은 영적인 존재로 영적인 필요를 공급받아야만 살 수 있습니다. 이 영적인 필요는 오직 하나님과의 만남을 통해 충족될 수 있습니다. 기도는 사람으로 하여금 하나님과의 만남을 경험하도록 합니다. 그래서 기도할 때 사람은 영적인 새 힘

을 얻을 수 있으며, 이뿐만 아니라 몸과 마음의 치료와 삶의 문제의 해결까지 경험할 수 있습니다.

① 기도란 무엇일까요?

기도는 연약한 인간이 하나님께 소원을 아뢰는 것입니다. 그러나 좀 더 넓은 의미에서 기도는 하나님과 우리가 교제를 나누는 것입니다. 우리가 기도하는 대상인 하나님은 인격체이시며, 우리와 교제하시기 위해 우리를 하나님의 형상과 모양대로 지으셨습니다. 그러므로 우리가 기도하며 하나님과 교제하는 것을 하나님께서는 매우 기뻐하십니다.

"하나님이 자기 형상 곧 하나님의 형상대로 사람을 창조하시되 남자와 여자를 창조하시고" 창세기 1장 27절

② 기도의 응답이란 무엇일까요?

기도는 우리가 하나님께 구하는 것이고, 응답이란 기도에 대한 하나님의 반응입니다. 하나님은 우리를 사랑하시기 때문에 우리의 모든 기도를 들으시고 응답하십니다. 그런데 모든 기도가 우리가 원하는 대로, 원하는 때에 응답되는 것은 아

님니다.

하나님께서는 우리가 기도한 대로 응답해주시기도 하지만 때로는 우리가 기도한 내용과는 정반대의 응답을 주시기도 하며, 응답을 지체하기도 합니다. 왜냐하면 하나님께서는 진정으로 우리에게 필요한 것이 무엇인지를 우리보다도 더 잘 아시기 때문입니다. 그러나 하나님께서 어떻게 응답하시건 간에 그것은 우리를 향한 하나님의 최고의 응답입니다.

③ 바람직한 기도의 자세

먼저, 믿음을 갖고 기도해야 합니다. 아무리 많은 시간을 기도한다고 할지라도 하나님에 대한 믿음이 없는 기도는 올바른 기도가 아닙니다. 하나님은 살아계시며 우리를 사랑하시고, 하나님을 찾는 자들에게 축복하는 분이심을 믿는 믿음 안에서 기도해야 합니다.

"믿음이 없이는 하나님을 기쁘시게 하지 못하나니 하나님께 나아가는 자는 반드시 그가 계신 것과 또한 그가 자기를 찾는 자들에게 상 주시는 이심을 믿어야 할지니라" 히브리서 11장 6절

더불어 우리의 욕심을 채우기 위해 기도해서는 안 됩니다. 진실하고 정직한 마음으로 하나님의 영광을 위해 기도해야 합니다. 더불어 거룩한 삶과 함께 기도해야 합니다.

> "너희는 욕심을 내어도 얻지 못하여 살인하며 시기하여도 능히 취하지 못하므로 다투고 싸우는도다 너희가 얻지 못함은 구하지 아니하기 때문이요 구하여도 받지 못함은 정욕으로 쓰려고 잘못 구하기 때문이라" 야고보서 4장 2-3절

미국의 16대 링컨 대통령은 기도하는 대통령이었습니다. 그는 어릴 때부터 어머니의 기도 소리를 듣고 자랐습니다. 링컨은 대통령이 되어서도 기도하는 일을 매우 소중하게 생각했으며, 기도의 능력을 알았던 인물입니다. 남북전쟁 때 그가 이끌던 북군은 명장 로버트 리가 이끄는 남군에게 거듭 패배하며 위기에 몰렸습니다. 그러나 링컨은 하나님의 도우심과 지혜를 구하여 결국 전쟁에서 승리하게 되고, 노예 해방을 이끌어냅니다. 기도를 무엇보다 우선시했던 링컨의 삶을 기억해야 할 것입니다.

† 요약

1. 성경 말씀을 통해 우리는 하나님의 뜻을 알 수 있습니다. 그러므로 말씀을 사모하며, 꾸준히 체계적으로 읽어야 합니다. 성경이 하나님의 말씀이며 진리라는 것을 믿으며, 이에 철저히 순종해야 합니다.

2. 기도는 하나님께 우리의 필요를 구하는 것임과 더불어 하나님과 우리와의 교제입니다. 하나님께서는 언제나 우리가 원하는 대로 응답해주시는 것은 아니지만 모든 기도에 응답하십니다. 하나님을 믿는 믿음과 거룩한 마음으로 기도해야 합니다.

3. 말씀과 기도는 신앙생활의 양 날개와 같습니다. 그러므로 말씀 생활과 기도 생활 중 어느 하나라도 소홀히 해서는 안 됩니다. 말씀과 기도가 균형을 이룬 신앙생활이 필요합니다.

† 묵상

1. 하나님의 말씀이 세상의 지식과 무엇이 다른지 묵상해봅시다.

2. 모든 기도에 응답하실 수 있는 전지전능하신 하나님의 능력에 대해 묵상해봅시다.

3. 하나님 보시기에 바람직한 기도의 자세란 무엇인지 생각해봅시다.

† 적용

1. 주의 종의 도움을 받으면서, 꾸준히 체계적으로 말씀을 읽읍시다.

2. 매일 시간을 정하여 30분 이상씩 집중해서 기도해봅시다.

3. 기도와 말씀이 균형을 이룬 신앙생활을 해나갑시다.

3) 새로운 삶

예수님을 구주로 영접하면 새로운 삶을 살게 됩니다. 성경은 구원받은 사람들은 새로운 피조물이 되었다고 말씀하고 있습니다.

> "그런즉 누구든지 그리스도 안에 있으면 새로운 피조물이라 이전 것은 지나갔으니 보라 새 것이 되었도다" 고린도후서 5장 17절

구원받은 성도들은 예수님을 영접하기 이전과는 다른 삶을 살아야 합니다. 구원받은 성도의 새로운 삶에 대해 알아보도록 하겠습니다.

(1) 하나님의 자녀의 삶

구원받은 사람은 하나님의 자녀로서 새로운 삶을 살아가야 합니다. 하나님의 자녀는 세상에 속한 사람이 아니라 하나님께 속한 사람입니다. 하나님의 자녀는 더 이상 세상의 것을 추

구하지 않습니다. 하나님의 자녀는 세상의 기준과 가치관을 가지고 살지 않으며 하나님의 뜻을 좇아 사는 사람들입니다. 성경은 성도들이 하나님의 자녀의 권세를 가졌다고 말씀하고 있습니다.

> "영접하는 자 곧 그 이름을 믿는 자들에게는 하나님의 자녀가 되는 권세를 주셨으니" 요한복음 1장 12절

하나님의 자녀는 하나님의 나라를 유업으로 받은 사람들입니다. 하나님의 나라를 유업으로 받은 사람들에게는 영원한 생명과 안식이 약속되어 있습니다. 하나님의 자녀는 이 세상에서 하나님께서 부어주시는 은혜 가운데 살아갑니다. 하나님의 자녀가 환난과 고난 속에서 부르짖고 간구할 때 하나님께서는 언제나 응답하시고 하나님의 도움의 손길을 허락해주십니다.

(2) 기도하는 삶

구원받은 성도는 기도로 하나님과 대화하게 됩니다. 기도는 모든 문제를 해결하는 열쇠입니다. 우리가 기도하면 하나님께서는 응답하십니다. 기도할 때 하나님께서는 우리가 알지

못하는 일들을 알게 하시며 하나님의 뜻과 섭리로 우리를 인도해주십니다.

"너는 내게 부르짖으라 내가 네게 응답하겠고 네가 알지 못하는 크고 은밀한 일을 네게 보이리라" 예레미야 33장 3절

기도는 어려운 것이 아닙니다. 하나님께 마음의 문을 열고 대화하듯이 솔직하게 죄를 고백하고 삶의 문제를 아뢰는 것입니다. 하나님께서는 화려한 미사 어구로 포장된 기도를 들으시는 것이 아니라 마음 중심에서 나오는 간절한 기도에 응답하십니다.

"너는 기도할 때에 네 골방에 들어가 문을 닫고 은밀한 중에 계신 네 아버지께 기도하라 은밀한 중에 보시는 네 아버지께서 갚으시리라" 마태복음 6장 6절

하나님께 간절히 기도하면 하나님께서는 우리의 소원을 들어주십니다. 고난이 다가왔을 때 성도들이 해야 할 일은 낙심하고 절망하는 것이 아니라 기도하는 일입니다. 기도는 어떤

것보다 강한 힘을 가지고 있기 때문입니다.

(3) 성령과 동행하는 삶

예수님께서는 우리에게 성령을 허락해주셨습니다. 성령님은 우리를 도와주시는 보혜사로서 우리와 함께하시는 분이십니다.

"내가 아버지께 구하겠으니 그가 또 다른 보혜사를 너희에게
주사 영원토록 너희와 함께 있게 하리니" 요한복음 14장 16절

성령님은 우리의 삶을 변화시키고 믿음에 견고히 설 수 있도록 해주십니다. 과거에 어떤 삶을 살았든지 예수님을 영접하고 성령님과 동행하면 완전히 다른 사람으로 변화된 삶을 살게 됩니다.

"오직 성령이 너희에게 임하시면 너희가 권능을 받고 예루
살렘과 온 유대와 사마리아와 땅 끝까지 이르러 내 증인이
되리라 하시니라" 사도행전 1장 8절

구원받은 성도들은 성령을 사모해야 합니다. 성령님을 인정하고 환영하고 마음 가운데 모셔들여서 초보적인 신앙에서 벗어나 복음을 증거하는 삶으로 나아가야 합니다. 성령님과 동행할 때 하나님의 능력을 체험하게 됩니다. 성령님을 의지하면 놀라운 기적과 이사를 체험하게 되고 하나님의 놀라운 은혜 가운데 살아가게 됩니다.

개인과 가정의 영성을 회복하는 사역에 헌신하면서 기도의 중요성을 강조하는 영성가이자 베스트셀러 작가인 스토미 오마산 목사님은 불우한 가정에서 자랐습니다. 어머니는 정신질환을 앓았고 아버지는 자녀들을 돌보지 않았습니다. 목사님은 20대 후반까지 마음의 깊은 상처와 두려움, 불안과 자살 충동에 시달리며 살았습니다. 술과 마약에 의존해 이런 고통을 이겨보려고 했지만 삶은 더욱 피폐해갔습니다. 그런데 어느 날 친구의 인도로 예수님을 믿게 되었고 성령을 받고 변화되었습니다. 목사님은 『성령이 이끄시는 대로』라는 책에서 이렇게 고백하고 있습니다. "성령님은 우리 안에 거하시면서 우리를 변화시키십니다. 우리의 인격을 변화시키고 성령의 열매를 맺게 합니다. 우리는 성령을 우리 삶의 액세서리쯤으로 생각해선 안 됩니다. 성령이 곧 우리의 힘이며 삶입니다."

† 요약

1. 구원받은 성도는 하나님의 자녀로서 새로운 삶을 살게 됩니다. 하나님의 자녀는 세상에 속한 사람이 아니라 하나님께 속한 사람이며 하나님의 축복을 누릴 권세를 가지고 있습니다.

2. 성도들은 기도의 삶을 살아야 합니다. 성도는 환난과 고난이 다가올 때 기도해야 합니다. 겸손히 하나님의 도움을 구하면 하나님께서 응답하시고 도움의 손길을 허락해주십니다.

3. 예수님께서는 구원받은 성도들을 위해 성령을 보내주셨습니다. 성도의 삶은 성령님과 동행하는 삶이 되어야 합니다. 성령님을 의지할 때 성도들은 하나님께서 원하시는 삶을 살게 됩니다.

† 묵상

1. 하나님의 자녀가 되었다는 것은 특별한 의미를 가지고 있습니다.
   요한복음 1장 12절의 말씀을 읽고 '하나님의 자녀의 권세'에 대해
   생각해 봅시다. 하나님의 자녀는 어떤 권세를 누리게 되는지 생각
   해봅시다.

2. 구원받은 성도들은 왜 새로운 삶을 살아야 할까요? 하나님을 기쁘
   시게 하는 삶을 살기 위해 성도들은 무엇을 해야 할까요? 하나님의
   자녀로 살기 위해 필요한 것이 무엇인지 생각해봅시다.

3. 기도는 신앙생활에 중요한 요소입니다. 구원받은 성도에게 기도가
   필요한 이유에 대해 생각해봅시다.

† 적용

1. 예수님을 믿고 구원을 받았다면 하나님의 자녀가 된 것입니다. 일 상생활 가운데 하나님의 자녀의 변화된 모습을 나타냅시다.

2. 기도는 성도의 특권입니다. 기도의 제목과 기도의 시간을 정하고 기도에 매일 힘쓰는 생활을 합시다.

3. 성령님은 우리를 도와주시는 보혜사입니다. 성령님을 환영하고 모 셔들이며 성령님과 동행하는 삶을 삽시다.

예수님을 믿고 구원받은 사람은 하나님의 자녀로서의 특권을 누리게 됩니다.

하나님의 자녀에게 주어지는 특권은 성령충만,

축복된 삶 그리고 신유의 은혜입니다.

더불어 하나님께서 주신 축복을 다른 사람들과 나누는

구제와 선교의 삶입니다.

2부

구원받은 자의 특권

성령충만은 예수님을 믿고 하나님의 자녀가 된 자들이 성령님께 전인격적인 다스림을 받는 것을 말합니다. 누구든지 간절히 사모하고 기도하면 예수님의 약속인 성령충만을 받을 수 있습니다. 성령으로 충만하면 성결하고 능력 있는 신앙생활을 할 수 있습니다.

04

성령
충만

1) 성령충만의 필요성

(1) 성령충만한 삶

"내가 그리스도와 함께 십자가에 못 박혔나니 그런즉 이제
는 내가 사는 것이 아니요 오직 내 안에 그리스도께서 사시
는 것이라 이제 내가 육체 가운데 사는 것은 나를 사랑하사
나를 위하여 자기 자신을 버리신 하나님의 아들을 믿는 믿
음 안에서 사는 것이라" 갈라디아서 2장 20절

성령으로 충만한 삶은 예수 그리스도로 충만하여 세상과 구별되어 사는 삶입니다. 내가 사는 것이 아니라 내 안에 그리스도께서 사시는 삶입니다. 그것은 나의 마음이 아닌 그리스도의 마음을 품고 주님의 뜻과 말씀 가운데 나의 인격과 재능이 온전히 주님의 것이 되는 삶입니다.

> "우리에게 주신 은혜대로 받은 은사가 각각 다르니 혹 예언이면 믿음의 분수대로, 혹 섬기는 일이면 섬기는 일로, 혹 가르치는 자면 가르치는 일로, 혹 위로하는 자면 위로하는 일로, 구제하는 자는 성실함으로, 다스리는 자는 부지런함으로, 긍휼을 베푸는 자는 즐거움으로 할 것이니라" 로마서 12장 6-8절

성도가 성령님께 사로잡히는 영적 체험의 출발이 성령침례입니다. 하나님께서는 성령침례의 결과로 성령의 은사를 주시는데, 하나님의 뜻대로 각 사람에게 유익하게 나누어주십니다. 은사를 활용하면 성도의 내적 성품이 그리스도의 형상을 닮아가는 성령의 열매를 맺게 됩니다. 이와 같이 외적인 성령의 은사와 내적인 성령의 열매가 충만하게 지속되는 것을 성령

충만한 상태라고 합니다. 성령충만의 최초의 경험인 성령침례를 경험한 후 성령 안에 완전히 잠기는 체험을 성령충만이라고 하며 이 상태가 지속되는 삶이 바로 성령충만한 삶입니다.

(2) 성령충만할 때 믿음을 지킬 수 있습니다

"다른 이로써는 구원을 받을 수 없나니 천하 사람 중에 구원을 받을 만한 다른 이름을 우리에게 주신 일이 없음이라 하였더라" 사도행전 4장 12절

성도가 성령으로 충만할 때 믿음을 지키고 연약한 육신과의 싸움에서 승리할 수 있습니다. 베드로가 복음을 전하자 유대교 지도자들은 그를 심문했습니다. 베드로가 그들에게 예수 그리스도의 이름이 가진 능력에 대하여 말할 수 있었던 것은 성령으로 충만했기 때문입니다.

(3) 성령충만할 때 영적 전쟁에서 승리를 거둘 수 있습니다

"보라 이제 주의 손이 네 위에 있으니 네가 맹인이 되어 얼마

동안 해를 보지 못하리라 하니 즉시 안개와 어둠이 그를 덮어 인도할 사람을 두루 구하는지라" _{사도행전 13장 11절}

우리가 영적 전쟁에서 승리하기 위해 성령의 충만함이 필요합니다. 바울이 구브로 섬에서 총독 서기오 바울에게 복음을 전할 때 박수 엘루마가 방해했습니다. 바울이 성령의 권위로 엘루마를 꾸짖자 그는 바로 맹인이 되었습니다. 그것을 목격한 총독은 주님을 믿게 되었습니다.

(4) 성령충만할 때 담대함과 능력을 소유할 수 있습니다

"베드로와 요한이 대답하여 이르되 하나님 앞에서 너희의 말을 듣는 것이 하나님의 말씀을 듣는 것보다 옳은가 판단하라 우리는 보고 들은 것을 말하지 아니할 수 없다 하니" _{사도행전 4장 19-20절}

사탄은 우리의 마음에 온갖 걱정, 근심, 불안 등을 심어줍니다. 그러나 성령으로 충만하게 되면 마음에 있던 부정적인 생각이 떠나고 담대한 마음을 갖게 됩니다. 기도와 말씀으로 성령충만했던 제자들은 유대 지도자들의 위협에도 불구하고 두려움 없이 복음을 전했습니다.

(5) 성령충만할 때 복음을 전하면 핍박을 이길 수 있습니다

"이에 유대인들이 경건한 귀부인들과 그 시내 유력자들을 선동하여 바울과 바나바를 박해하게 하여 그 지역에서 쫓아내니 두 사람이 그들을 향하여 발의 티끌을 떨어 버리고 이고니온으로 가거늘 제자들은 기쁨과 성령이 충만하니라" 사도행전 13장 50-52절

복음을 전할 때 마귀는 핍박을 통해 우리를 괴롭히고 방해합니다. 마귀가 싫어하는 것 중에 하나가 주님의 복음이 전파되는 것이기 때문입니다. 오직 성령으로 충만할 때 기쁨으로 충만하여 핍박에서 오는 절망을 이기고 복음의 증인으로 전진할 수 있습니다.

에반 로버츠의 기도문 가운데 일부입니다. "주 예수님, 지금 성령으로 우리를 도우소서. 우리 모두를 십자가 보혈 아래 두소서. 오 하늘의 문을 열어주소서. 오 성령님 우리를 통해 그리고 우리 안에서 역사하소서. 주님의 이름을 위해 능력으로 말씀하소서." 성령의 도우심을 구한 그는 많은 사람들을 하나님께로 인도했고 20세기 초 영국 웨일즈에서 일어난 거대한 부흥 운동의 주역이 되었습니다.

† 요약

성령충만해야 하는 이유는 다음과 같습니다.

1. 성령침례는 성령님께 사로잡히는 최초의 영적 체험을 말합니다.
   성령충만은 성령침례 후에도 계속해서 성령 안에 잠기는 체험이며
   이런 체험이 지속되는 것이 성령충만한 삶입니다.

2. 성령으로 충만하면 성령님과 인격적인 교제를 할 수 있고 성령님
   의 인도하심과 지도하심 가운데 거룩하고 능력 있는 신앙생활을
   할 수 있습니다

3. 성령님은 우리가 믿음을 지키고 영적 전쟁에서 승리할 수 있도록
   힘을 더해주십니다. 환경에 상관없이 담대하고 용기 있게 복음을
   전하려면 성령으로 충만해야 합니다.

† 묵상

1. 성령침례와 성령충만은 어떤 차이점이 있는지 생각해봅시다.

2. 성령으로 충만한 삶을 살 때 우리가 경험하게 되는 변화에는 어떤 것들이 있을까요?

3. 우리가 성령으로 충만해야 하는 이유에 대해 생각해봅시다.

† 적용

1. 성령님은 우리의 연약함을 도우시는 분이십니다. 여러분 안에 있는 연약함을 온전히 성령님께 내어 맡기는 시간을 가져봅시다. 성령님이 도우시는 손길을 체험해봅시다.

2. 삶의 어려움 때문에 마음이 불안하거나 초조할 때가 있습니다. 성령님의 능력을 의지하여 "사탄아! 물러가라!"고 외쳐봅시다. 성령님과 날마다 승리하는 삶을 살 수 있습니다.

3. 여러분이 구주로 영접한 예수님을 주변의 믿지 않는 분들에게 전해봅시다. 복음을 전할 때 지혜와 능력으로 붙잡아주시는 성령님을 경험할 수 있습니다.

2) 능력과 열매의 삶

(1) 능력의 삶

"내가 너희에게 뱀과 전갈을 밟으며 원수의 모든 능력을 제어할 권능을 주었으니 너희를 해칠 자가 결코 없으리라" 누가복음 10장 19절

구원받은 성도에게는 두 가지의 중요한 변화가 있습니다. 하나는 예수님의 십자가 신앙에 근거한 구원의 확신입니다. 다른 하나는 늘 성령님과 동행하며 구원의 기쁨을 누리고 승리의 삶을 사는 일입니다. 그러나 오늘날 많은 성도들이 구원의 확신은 있지만 신앙생활의 기쁨을 잃어버리고 영적 전쟁에서 승리하지 못한 채 살아갑니다. 그 이유는 성령의 능력을 잘 알지도 못하고 활용하지도 못하기 때문입니다. 하나님께서는 하나님의 자녀이자 영적 군사인 성도들에게 성령님을 통해서 능력을 주시고 승리하게 하십니다.

"어떤 사람에게는 성령으로 말미암아 지혜의 말씀을, 어떤 사람에게는 같은 성령을 따라 지식의 말씀을, 다른 사람에게는 같은 성령으로 믿음을, 어떤 사람에게는 한 성령으로 병 고치는 은사를, 어떤 사람에게는 능력 행함을, 어떤 사람에게는 예언함을, 어떤 사람에게는 영들 분별함을, 다른 사람에게는 각종 방언 말함을, 어떤 사람에게는 방언들 통역함을 주시나니 이 모든 일은 같은 한 성령이 행하사 그의 뜻대로 각 사람에게 나누어 주시는 것이니라" 고린도전서 12장 8-11절

하나님의 능력은 성령의 은사를 통해 다양하게 나타나는데 성령님께서 성도에게 나누어주시는 하나님의 선물을 은사라고 합니다. 은사는 능력, 축복, 재능 등을 뜻하며 우리의 공로나 노력으로 얻을 수 있는 것이 아니라 하나님께서 값없이 은혜로 주시는 선물입니다.

"그가 어떤 사람은 사도로, 어떤 사람은 선지자로, 어떤 사람은 복음 전하는 자로, 어떤 사람은 목사와 교사로 삼으셨으니 이는 성도를 온전하게 하여 봉사의 일을 하게 하며 그리

스도의 몸을 세우려 하심이라" 에베소서 4장 11-12절

성령님께서 성도에게 여러 가지 다양한 은사를 주시는 이유
가 있습니다. 예수님의 몸 된 교회를 유익하게 하고 성도를 권
면하기 위해서입니다. 성도가 은사를 통해 능력 있는 삶을 살
게 되면 예수님의 지상명령인 복음 전파를 위해 여러 가지 직
분으로 부르심을 받아 복음의 증인으로 담대하게 살아갈 수 있
습니다. 공동체와 교회 안에서 성도가 은사를 사용할 때는 질
서에 방해가 되지 않도록 절제하는 자세를 가져야 합니다. 모
든 은사의 가치와 사용의 올바름은 사랑이 기준이 되어야 하
며 궁극적으로 하나님께 영광을 돌리기 위한 것이 되어야 합
니다.

(2) 열매의 삶

"오직 성령의 열매는 사랑과 희락과 화평과 오래 참음과 자
비와 양선과 충성과 온유와 절제니 이같은 것을 금지할 법
이 없느니라" 갈라디아서 5장 22-23절

성령의 은사는 큰 유익을 주지만 은사를 소유했다고 해서 거룩하고 경건한 신앙인이라고 볼 수 없습니다. 성령의 은사는 각 개인에게 부분적으로 주어지는 것이지만 성령의 열매는 성령을 체험한 성도들이 마땅히 맺어야 하는 삶의 모습입니다. 성령님은 은사를 통해 능력을 나타내실 뿐만 아니라 우리의 삶 속에서 성령의 열매까지 맺을 수 있도록 도와주십니다.

"내가 이르노니 너희는 성령을 따라 행하라 그리하면 육체의 욕심을 이루지 아니하리라" 갈라디아서 5장 16절

성령의 열매는 하나님의 영이신 성령님이 우리의 마음 가운데 생기 있게 살아서 역사하심으로 나타나는 예수님의 인격 그 자체를 말합니다. 성도가 성령충만하면 성령님께서 열매를 맺도록 역사하십니다.

"육체의 일은 분명하니 곧 음행과 더러운 것과 호색과 우상숭배와 주술과 원수 맺는 것과 분쟁과 시기와 분냄과 당 짓는 것과 분열함과 이단과 투기와 술 취함과 방탕함과 또 그와 같은 것들이라 전에 너희에게 경계한 것 같이 경계하노

니 이런 일을 하는 자들은 하나님의 나라를 유업으로 받지 못할 것이요" 갈라디아서 5장 19-21절

사도 바울은 육신의 일과 성령의 열매에 대해서 비교하여 설명하고 있습니다. 육체의 일은 육체의 정욕을 따라 나타나는 일체의 행위를 말합니다. 반면 성령의 열매는 성령님과 동행하며 그분의 인도하심에 순응할 때 우리의 전인격과 삶 속에서 맺어지는 결과물입니다.

"이러므로 그들의 열매로 그들을 알리라" 마태복음 7장 20절

성령의 열매는 인품이 훌륭한 다른 사람의 흉내를 낸다거나 스스로 노력해서 얻어지는 것이 아닙니다. 아무리 훌륭하고 거룩해보여도 그 동기가 육체의 정욕에 있으면 성령의 열매가 아닙니다. 성령님의 주권적인 역사에 의해 성도의 삶과 인격 가운데 예수님의 품성이 드러나는 것이 성령의 열매입니다.

제2차 세계대전 중 독일의 나치 정부의 군인들에게 말할 수 없는 처참한 고난을 받았으나 그들을 그리스도의 사랑으로 용서한 네덜란드의 코리 텐 붐 여사는 "성령님은 우리가 아가페 사랑을 가진 정도만큼 우리 안에서 자유롭게 그분의 모습을 나타내십니다."라고 말했습니다. 성령의 은사는 욕심을 부린다고 해서 받을 수 있는 것이 아닙니다. 하나님의 주권과 성령의 은사를 연결하는 유일한 통로는 사랑입니다. 그러므로 성령의 은사와 능력을 말할 때 사랑이 최우선이어야 합니다. 우리에게 사랑이 넘칠 때 하나님께서 놀라운 일을 행하십니다.

† 요약

성령의 능력과 열매로 충만한 삶은 다음과 같은 특징을 갖습니다.

1. 하나님께서는 구원받은 각 개인에게 성령님을 통해서 하나님의 능력인 성령의 은사를 주십니다. 은사와 능력은 우리의 힘으로 얻을 수 있는 것이 아닙니다. 온전히 하나님께서 대가 없이 은혜로 주시는 것입니다.

2. 성령님은 교회의 덕을 세우고 성도를 권면하기 위해 우리에게 성령의 다양한 은사와 능력을 주십니다. 우리는 성령님의 도구이고 은사와 능력을 주관하시는 분은 성령님이십니다. 항상 겸손하고 절제하는 마음으로 은사를 활용하고 하나님께 영광을 돌려야 합니다.

3. 성령의 열매는 성령님의 주권적인 역사하심으로 우리의 마음과 삶 가운데 드러나는 예수님의 성품과 형상입니다. 성령님은 우리에게 은사를 주시고 우리의 삶에 능력을 나타내셔서 우리가 성령의 열매까지 맺을 수 있도록 인도해주십니다.

† 묵상

1. 성령의 능력이 나타나는 삶과 나타나지 않는 삶은 어떤 차이가 있을까요?

2. 성령의 은사와 능력은 어떤 관계가 있는지 생각해봅시다.

3. 육체의 일과 성령의 열매는 어떤 차이점이 있을까요?

† 적용

1. 성령의 은사와 성령의 열매에 대해 서로 나누고 생각해보는 시간을 가져봅시다.

2. 우리의 힘이 아닌 성령의 힘으로 살면서 하나님의 역사하심을 체험하게 해달라고 기도합시다.

3. 성경은 사랑이 없으면 아무리 큰 은사를 통해 능력을 나타낸다고 해도 소용이 없다고 했습니다. 고린도전서 13장에 소개된 사랑을 여러분의 신앙과 연결지어봅시다.

신유는 예수님께서 이 땅에 오신 이유 중의 하나이
며 십자가에서 이루신 구속의 은혜입니다. 예수님
은 우리의 질병과 연약함을 고쳐주시려고 몸 찢기
고 피 흘리셨습니다. 그리고 죽은 자 가운데서 다
시 살아나셔서 부활의 생명으로 우리에게 건강을
주셨습니다. 예수님의 구원은 영적인 구속, 환경
의 축복, 육체적인 건강을 포함하는 전인적인 구
원입니다. 그러므로 신유를 믿지 않는 사람은 예
수님의 구속을 온전히 믿지 않는 것입니다.

05

신유와
축복

1) 치유의 은혜

(1) 신유는 십자가 대속의 은혜

"그가 찔림은 우리의 허물 때문이요 그가 상함은 우리의 죄
악 때문이라 그가 징계를 받으므로 우리는 평화를 누리고
그가 채찍에 맞으므로 우리는 나음을 받았도다" 이사야 53장
5절

예수님께서 채찍에 맞으시고 십자가에서 극심한 형벌을 받아 죽으심으로 질병의 근원을 완전히 청산해주셨습니다. 그러므로 신유는 돈으로 사거나 우리의 힘이나 능력으로 얻을 수 있는 것이 아닙니다. 죄의 용서가 그렇듯이 하나님께서 우리를 사랑하시기 때문에 값없이 허락해주시는 선물이고 은총입니다. 그러나 우리가 신유를 경험하려면 믿음으로 받아들여야 합니다.

> "마침 그 때에 예수께서 질병과 고통과 및 악귀 들린 자를 많이 고치시며 또 많은 맹인을 보게 하신지라 예수께서 대답하여 이르시되 너희가 가서 보고 들은 것을 요한에게 알리되 맹인이 보며 못 걷는 사람이 걸으며 나병환자가 깨끗함을 받으며 귀먹은 사람이 들으며 죽은 자가 살아나며 가난한 자에게 복음이 전파된다 하라" 누가복음 7장 21-22절

신유는 하나님의 의지이고, 예수님의 사역의 일부분이었으며, 오늘날에도 성령님께서 행하시는 사역입니다. 의심이나 두려움 없이 믿는 마음으로 신유의 은혜를 받아들이면 하나님께서 우리에게 허락하시는 완전한 치유를 경험할 수 있습니다.

(2) 신유는 하나님의 뜻

"예수께서 온 갈릴리에 두루 다니사 그들의 회당에서 가르치시며 천국 복음을 전파하시며 백성 중의 모든 병과 모든 약한 것을 고치시니 그의 소문이 온 수리아에 퍼진지라 사람들이 모든 앓는 자 곧 각종 병에 걸려서 고통 당하는 자, 귀신 들린 자, 간질하는 자, 중풍병자들을 데려오니 그들을 고치시더라" 마태복음 4장 23-24절

예수님께서 이 땅에 계실 때 가시는 곳곳마다 병을 고치셨습니다. 이뿐만 아니라 죄도 용서해주시고 마귀도 쫓아주셨습니다. 아담이 타락했을 때 들어온 죄와 질병 때문에 영원히 죽을 수밖에 없는 우리를 예수님께서 용서와 치료로 구원해주시고 영원한 생명을 허락해주신 것입니다.

"그가 네 모든 죄악을 사하시며 네 모든 병을 고치시며 네 생명을 파멸에서 속량하시고 인자와 긍휼로 관을 씌우시며 좋은 것으로 네 소원을 만족하게 하사 네 청춘을 독수리 같이 새롭게 하시는도다" 시편 103편 3-5절

신유는 하나님께서 직접 우리의 몸을 만지셔서 우리의 영혼과 육체를 새롭게 해주시는 것입니다. 신유를 통해서 영육 간에 못 고칠 질병이 없는데 이것은 병자가 치료되어 건강하게 사는 것이 하나님의 일반적이고 보편적인 뜻이기 때문입니다. 때로는 연단과 시련의 차원에서 질병이 허락되는 경우도 있습니다. 그러나 구원받은 하나님의 자녀들이 건강하게 사는 것은 하나님의 분명하고도 확실한 소원입니다.

(3) 계속되는 신유의 역사

"너희 중에 병든 자가 있느냐 그는 교회의 장로들을 청할 것이요 그들은 주의 이름으로 기름을 바르며 그를 위하여 기도할지니라 믿음의 기도는 병든 자를 구원하리니 주께서 그를 일으키시리라 혹시 죄를 범하였을지라도 사하심을 받으리라 그러므로 너희 죄를 서로 고백하며 병이 낫기를 위하여 서로 기도하라 의인의 간구는 역사하는 힘이 큼이니라"
야고보서 5장 14-16절

오늘날 많은 사람들이 하나님께서 병을 고치실 수 있다는 사실은 잘 알고 있습니다. 그러나 믿지 않습니다. 그래서 신유를 경험하지 못합니다. 성경은 하나님을 '야훼 라파', 즉 '치료하시는 하나님'이라고 소개하고 있습니다. 하나님은 치료의 하나님이십니다. 하나님께서는 지금 당장 우리를 치료해주시기 원하십니다. 초대교회 때부터 중세의 암흑시대, 그리고 종교개혁 이후 오순절 시대인 20세기를 걸쳐 오늘에 이르기까지 신유의 역사는 여러 곳에서 나타나고 있습니다. 누구든지 기도와 간절한 믿음으로 병이 낫기를 소원하면 하나님의 치료를 경험할 수 있습니다.

김흥관 경희한의원 원장이 쓴 『나는 너희를 치료하는 야훼』란 책에 나온 그의 간증입니다. "한번은 중풍으로 쓰러져 구급차를 타고 병원으로 이송되던 환자가 내가 운영하는 경희한의원으로 굳이 가겠다고 하여 구급대원이 차를 돌려 우리 한의원에 왔습니다. 내원했던 환자임을 확인한 후 진료를 시작했지만 환자의 혀가 말려들어가고 결국 사지가 마비되었습니다. 응급처치를 한 후, 나는 하나님께 긴급 구조를 요청하는 기도를 간절히 드렸습니다. 잠시 후 사지가 마비되었던 환자의 혀가 풀리고 그의 의식이 돌아왔습니다. 간호사들과 119대원들의 환호성은 하나님을 향한 찬송 그 자체였습니다."

† 요약

1. 신유는 하나님께서 예수 그리스도를 통해 우리에게 주시는 은혜의 선물입니다. 누구든지 의심하지 않고 온전히 믿기만 하면 하나님께서 허락하시는 신유를 경험할 수 있습니다.

2. 하나님께서는 구원받은 하나님의 자녀들이 건강하게 살기를 원하십니다. 신유는 우리를 사랑하시는 하나님의 의지를 나타내는 것입니다. 죄짓고 병든 우리를 예수님께서 용서와 치료로 구원하시고 영생을 주셨습니다.

3. 신유의 역사는 지금도 계속되고 있습니다. 하나님은 치료의 하나님이시고 우리를 치료해주기 원하십니다. 간절한 마음으로 병 낫기를 기도하면 하나님께서 베풀어주시는 기적을 체험할 수 있습니다.

† 묵상

1. 예수님께서는 복음을 전하시고 병든 자를 고치시며 죄를 용서해주셨습니다. 죄와 질병은 어떤 관계가 있는지 생각해봅시다.

2. 신유를 믿지 못하는 사람은 예수님의 구속을 완전히 믿지 못하는 것입니다. 왜 그럴까요?

3. 신유를 경험하려면 어떤 신앙의 자세가 필요할까요?

† 적용

1. 우리의 질병과 연약함을 위해 예수님께서 십자가에서 고난받으셨 습니다. 예수님의 사랑을 생각하며 예수님 안에서 건강해진 자아 상을 그려봅시다.

2. 질병 때문에 고통당하고 계십니까? 주변에 아픈 분이 계십니까? 예수님의 이름으로 간절히 기도합시다. 하나님께서 치료의 손길 을 베풀어주십니다.

3. 우리가 건강하게 사는 것은 하나님의 뜻입니다. "나는 주님 안에서 건강합니다!"라고 외치며 매일매일 즐겁고 힘차게 살아갑시다.

2) 형통의 축복

(1) 복을 주시는 하나님

"야훼께서 아브람에게 이르시되 너는 너의 고향과 친척과
아버지의 집을 떠나 내가 네게 보여 줄 땅으로 가라 내가 너
로 큰 민족을 이루고 네게 복을 주어 네 이름을 창대하게 하
리니 너는 복이 될지라 너를 축복하는 자에게는 내가 복을
내리고 너를 저주하는 자에게는 내가 저주하리니 땅의 모
든 족속이 너로 말미암아 복을 얻을 것이라 하신지라" 창세
기 12장 1-3절

복 가운데 가장 큰 복은 하나님께 선택받는 복입니다. 이스
라엘 민족의 조상이었던 아브라함도 하나님께 선택을 받았기
때문에 복의 근원이 되었습니다. 그의 후손이었던 이스라엘 백
성 역시 하나님의 택하심을 받아 아브라함의 복을 이어받은 복
된 민족이었습니다. 성경의 모든 복은 하나님께 택하심을 받
고 하나님의 백성이 되는 것으로부터 시작됩니다. 하나님께서

는 아브라함을 택하셔서 자손의 복과 명예의 복을 약속하시고 복의 근원이 될 것이라고 선포하셨습니다.

> "그런즉 믿음으로 말미암은 자들은 아브라함의 자손인 줄 알지어다 또 하나님이 이방을 믿음으로 말미암아 의로 정하실 것을 성경이 미리 알고 먼저 아브라함에게 복음을 전하되 모든 이방인이 너로 말미암아 복을 받으리라 하였느니라 그러므로 믿음으로 말미암은 자는 믿음이 있는 아브라함과 함께 복을 받느니라" 갈라디아서 3장 7-9절

아브라함의 복은 믿음으로 충만하여 범사에 형통하고 물질적으로 창대해지는 복을 말합니다. 아브라함은 영적인 복, 물질적인 복, 현세의 복, 미래의 복을 모두 충만하게 받은 사람이었습니다. 성경은 믿음으로 인하여 구원받은 사람들이 아브라함의 자손이고, 아브라함과 함께 복을 받는다고 기록하고 있습니다. 또한 예수님 안에서 아브라함의 복이 이방인에게 미치게 한다고 약속하고 있습니다.

> "이는 그리스도 예수 안에서 아브라함의 복이 이방인에게

미치게 하고 또 우리로 하여금 믿음으로 말미암아 성령의 약속을 받게 하려 함이라" 갈라디아서 3장 14절

그러므로 믿는 사람은 누구든지 예수 그리스도 안에서 아브라함의 복을 누릴 수 있습니다. 하나님께서는 이 축복을 구원받은 사람들만이 받을 수 있도록 하셨습니다. 예수님을 믿고 구원받는다는 것은 영적인 생명과 육적인 생명의 축복을 동시에 누린다는 뜻입니다. 눈에 보이는 환경적인 복도 눈에 보이지 않는 영원한 생명의 복이 있을 때 진정한 축복이 되는 것입니다.

(2) 예수님의 십자가 대속과 은총

"우리 주 예수 그리스도의 은혜를 너희가 알거니와 부요하신 이로서 너희를 위하여 가난하게 되심은 그의 가난함으로 말미암아 너희를 부요하게 하려 하심이라" 고린도후서 8장 9절

인간은 죄를 짓고 타락한 후 영혼이 죽고 가시와 엉겅퀴가 가득한 세상에서 저주받은 삶을 살아야 했습니다. 그러나 하

나님께서는 죄인 된 인간을 구원하시기 위해 예수님을 이 땅에 보내주셨습니다. 예수님은 3년 반 동안 사역하실 때 머리를 둘 곳이 없을 정도로 매우 가난하셨습니다. 예수님께서는 부요하신 분이셨지만 우리를 부요하게 하시려고 가난하게 되신 것입니다.

"그리스도께서 우리를 위하여 저주를 받은 바 되사 율법의 저주에서 우리를 속량하셨으니 기록된 바 나무에 달린 자마다 저주 아래에 있는 자라 하였음이라" 갈라디아서 3장 13절

예수님께서는 가난에서 우리를 건져주셨을 뿐만 아니라 십자가에서 흘리신 보혈로 율법의 저주에서 속량하시고 아브라함의 복을 받게 하셨습니다. 이 모든 것이 다 예수님의 십자가의 대속으로 이루어진 것입니다. 예수님이 쓰신 가시관과 못 박혀 달리신 십자가는 인류에게 다가왔던 저주가 예수님의 몸 위에 옮겨졌음을 보여주는 것입니다. 이제 우리는 영적인 저주에서 놓여나 구원받은 하나님의 자녀가 되었습니다. 그러므로 예수님 안에서 담대하게 복을 누려야 합니다.

"하나님이 능히 모든 은혜를 너희에게 넘치게 하시나니 이
는 너희로 모든 일에 항상 모든 것이 넉넉하여 모든 착한 일
을 넘치게 하게 하려 하심이라 기록된 바 그가 흩어 가난한
자들에게 주었으니 그의 의가 영원토록 있느니라 함과 같으
니라" 고린도후서 9장 8-9절

성경에서 말하는 축복의 핵심적인 내용은 하나님께 풍성하
게 복을 받고 쌓아두는 것이 아니라 필요한 사람들에게 나누어
주는 것입니다. 예수님께서는 십자가 대속으로 우리의 영혼을
구원해주셨고 우리를 삶의 모든 가난과 저주에서 건져주셨습
니다. 우리는 이것을 믿고 축복된 삶을 살면서 하나님께 영광
돌리는 신앙인이 되어야 합니다. 하나님께서는 모든 쓸 것을
풍성히 채워주심으로 우리가 선하고 착한 일을 넉넉하게 하길
원하십니다. 우리가 가난하고 소외된 이웃들을 돌보아주며 복
을 나눌 때 진정한 복을 누리는 신앙인이 될 수 있습니다.

해비타트 운동은 전 세계 무주택자들에게 거처를 마련해주기 위해 시작되었습니다. 창립자인 밀라드 풀러는 법률가이자 사업가로 성공한 백만장자였습니다. 돈만 추구하다가 가정적인 위기는 물론 영적인 위기까지 맞은 그는 부유한 삶이 오히려 하나님과 멀어지는 원인이 되었다고 판단하고 '모든 것을 나눠 주자!'라고 결단했습니다. 이렇게 해서 해비타트가 탄생했습니다. 이 운동에는 몇 가지 원칙이 있습니다. 어려운 가정들을 찾아서 그들과 같이 집을 짓습니다. 집이 완공되면 입주 가족은 건축비를 상환해야 하는데 집값은 저소득층도 충분히 감당할 수 있는 수준입니다. 또한 모든 입주자는 해비타트의 동역자로 일해야 합니다. 입주자들도 받은 만큼 주는 삶을 사는 것입니다. 이처럼 나눠주는 복된 인생이 해비타트의 진정한 목표입니다.

† 요약

1. 세상에서 가장 큰 복은 하나님께 선택받는 것이며 모든 복은 하나님께 선택받는 것으로부터 출발합니다. 하나님께서는 우리를 선택하시고 복 주시길 원하십니다.

2. 예수님께서는 부요하셨지만 우리를 가난에서 건지시기 위해 가난해지셨습니다. 예수님께서는 저주와 관련이 없으셨지만 우리를 저주에서 건지시기 위해 친히 십자가에 달리셨습니다. 하나님께서 우리에게 주시는 부요와 축복은 예수님을 통해 값없이 주시는 은혜입니다.

3. 하나님께서 항상 풍성하게 우리의 쓸 것을 채우시는 이유는 우리가 착한 일을 넘치게 하길 원하시기 때문입니다. 우리가 하나님께 받은 복으로 가난하고 소외된 사람들을 도와줄 때 진정으로 복된 삶을 살아갈 수 있습니다.

† 묵상

1. 우리는 일생을 살면서 여러 가지 복을 누릴 수 있습니다. 가장 큰 복이 무엇일지 생각해봅시다.

2. 구원받은 우리가 누릴 수 있는 아브라함의 복이 무엇인지 생각해
봅시다.

3. 하나님 안에서 축복받은 사람은 어떻게 살아야 할까요? 생각해보
고 서로 나누는 시간을 가져봅시다.

† 적용

1. 우리를 하나님의 자녀로 선택해주시고 복을 주신 하나님께 감사
와 영광을 올려드립시다.

2. 예수님께서는 우리를 가난과 저주에서 건져주시고 풍요와 축복
을 주셨습니다. 그 은혜에 감사하며 예수님께서 주신 복을 담대
하게 누립시다.

3. 하나님께서 우리에게 주신 축복을 생각해보고 어려운 이웃들에
게 나누어줍시다. 그리할 때 하나님께서 다시 풍성하게 채워주실
것입니다.

예수님을 믿고 거듭난 성도의 삶의 가장 큰 특징은 하나님을 예배하는 삶을 살게 된다는 것입니다. 하나님을 예배하는 것은 하나님의 사랑과 구원의 은혜에 감사하고, 그 이름을 찬양하며 경배하는 것입니다. 나아가 하나님의 말씀을 따라 하나님의 뜻을 이루는 삶을 사는 것입니다. 이는 하나님을 사랑하고 이웃을 사랑하는 삶으로 열매를 맺게 됩니다. 하나님을 예배하는 삶은 교회에 나와 예배하는 일뿐만 아니라 삶 속에서 하나님의 사랑과 의를 드러냄으로써 열매 맺는 일을 포함합니다.

06

구제와
선교

1) 구제의 실천

(1) 나눔은 하나님의 뜻

"네가 이 세대에서 부한 자들을 명하여 마음을 높이지 말고
정함이 없는 재물에 소망을 두지 말고 오직 우리에게 모든
것을 후히 주사 누리게 하시는 하나님께 두며 선을 행하고
선한 사업을 많이 하고 나누어 주기를 좋아하며 너그러운
자가 되게 하라" 디모데전서 6장 17-18절

탐욕으로 인해 끊임없이 재물과 부를 쌓으려고만 하는 것은 헛된 일입니다. 우리의 소망은 이 땅에서 쌓아놓는 재물이 아니라 하나님께 있습니다. 하나님께서는 우리가 하나님께로부터 받은 부와 풍요를 이웃과 나누며 섬김으로써 하나님의 사랑을 드러내기를 원하십니다.

⑵ 나눔의 축복

"주라 그리하면 너희에게 줄 것이니 곧 후히 되어 누르고 흔들어 넘치도록 하여 너희에게 안겨 주리라 너희가 헤아리는 그 헤아림으로 너희도 헤아림을 도로 받을 것이니라" 누가복음 6장 38절

우리가 도움이 필요한 이웃을 위해 물질과 시간으로 섬기고 우리의 가진 것을 나누면 하나님께서 기뻐하시고 은혜를 주십니다. 나누고 베풀면 하나님께서 우리의 삶에 차고 넘치는 축복을 부어주십니다.

"흩어 구제하여도 더욱 부하게 되는 일이 있나니 과도히 아

껴도 가난하게 될 뿐이니라 구제를 좋아하는 자는 풍족하여 질 것이요 남을 윤택하게 하는 자는 자기도 윤택하여지리 라" 잠언 11장 24-25절

내가 가진 것을 나누면 나의 누릴 것이 줄어드는 것이 아닙 니다. 우리가 이웃에게 물질을 나누고, 친절을 나누고, 은혜 를 나누면 하나님께서 갑절의 축복으로 채워주십니다. 물질 의 부요만이 아니라 마음과 영혼의 평안과 풍요가 넘쳐나게 됩니다.

(3) 나눔의 실천

"오직 선을 행함과 서로 나누어 주기를 잊지 말라 하나님은 이같은 제사를 기뻐하시느니라" 히브리서 13장 16절

예배하는 삶이란 단지 입술의 고백이 아닙니다. 우리는 찬 양과 예배로 하나님께 영광 돌릴 뿐 아니라 선행과 구제의 삶 을 통해 우리의 믿음을 고백해야 합니다.

"만일 형제나 자매가 헐벗고 일용할 양식이 없는데 너희 중에 누구든지 그에게 이르되 평안히 가라, 덥게 하라, 배부르게 하라 하며 그 몸에 쓸 것을 주지 아니하면 무슨 유익이 있으리요 이와 같이 행함이 없는 믿음은 그 자체가 죽은 것이라" 야고보서 2장 15-17절

행함이 없는 믿음은 참 믿음이 아닙니다. 하나님의 자녀 된 성도에게는 예수 그리스도의 사랑이 나타나야 합니다. 단지 축복의 말을 늘어놓는 것은 헛된 일이 될 뿐입니다. 우리는 어려움과 환란 중에 있는 이웃에게 자신에게 있는 것을 나누어 줌으로써 예수 그리스도의 사랑을 나타내는 사람이 되어야 합니다.

오늘날 세계적인 명문으로 알려진 미국의 하버드대학은 신학교로부터 시작한 대학입니다. 하버드 대학이 오늘날과 같이 명문이 된 데는 귀한 섬김의 씨앗이 있었습니다. 영국에서 태어난 존 하버드는 아버지로부터 큰 재산을 물려받았습니다. 그는 미국으로 건너와서 신학 공부를 하고, 또 자신이 가진 재산을 하나님 나라를 위해서 사용하기를 원했습니다. 그러나 31살의 젊은 나이에 폐결핵에 걸려 죽게 되었습니다. 그는 죽기 전에 자신이 물려받은 막대한 유산의 절반을 그 근처의 작은 신학교에 기증을 했습니다. "앞으로 제가 품었던 거룩한 꿈을 여기서 졸업한 졸업생들이 다 이어가게 해주세요. 많은 훌륭한 주의 종들이 나와서 거룩한 꿈을 펼쳐나갈 수 있도록 제가 기증한 재산을 사용해 주시기 바랍니다." 그는 재산뿐 아니라 자신이 모아두었던 모든 서적을 다 기증하고, 1638년에 세상을 떠났습니다.

이 학교는 1636년에 세워진 학교였는데, 존 하버드가 1638년에 세상을 떠나면서 기증한 유산으로 학교를 확장하고 발전시켰으며 그의 이름 '하버드'를 따라 하버드대학이 되었습니다.

† 요약

1. 성도가 이웃을 향해 섬김과 나눔을 베푸는 삶을 사는 것은 하나님의 뜻입니다. 하나님께서는 우리가 하나님께로부터 받은 부와 풍요를 이웃과 나눔으로써 하나님의 사랑을 나타내기 원하십니다.

2. 도움이 필요한 이웃에게 우리에게 있는 물질과 시간을 나누면 하나님께서 우리의 삶의 필요를 채워주십니다. 나누면 나눌수록 하나님의 채우심과 은혜가 임합니다.

3. 행함이 없는 믿음은 참된 믿음이 될 수 없습니다. 우리는 생활의 어려움과 환난에 빠진 이웃에게 말로만 축복하는 것이 아니라 자신에게 있는 것을 실천적으로 나눔으로써 예수 그리스도의 사랑을 나타내야 합니다.

† 묵상

1. 이 땅에서 살아갈 때 재물이 아니라 하나님께 소망을 둔다는 것은 어떤 의미를 지닐까요?

2. '나눔의 축복'이란 무엇을 의미합니까?

3. 나눔을 실천하는 일은 어떤 일을 행하는 것을 의미합니까?

† 적용

1. 나눔을 실천하기 위해 절제해야 할 나의 이기적인 욕심은 무엇이 있는지 생각해봅시다.

2. 실제로 이웃을 위해 물질과 시간과 마음의 나눔을 통해 하나님의 채워주심을 체험해봅시다.

3. 이웃을 위해 나눌 수 있는 것이 무엇인지 생각해보고, 실제로 그리스도의 사랑을 실천해봅시다.

2) 선교의 삶

(1) 복음 전도의 사명

"또 이르시되 너희는 온 천하에 다니며 만민에게 복음을 전파하라" 마가복음 16장 15절

부활하신 예수님께서는 제자들에게 온 천하에 다니며 구원의 복음을 전파하라는 사명을 주셨습니다. 예수님을 믿고 구원받은 우리의 사명은 이 복된 구원의 소식을 모든 사람들에게 전하는 일입니다.

"그런즉 그들이 믿지 아니하는 이를 어찌 부르리요 듣지도 못한 이를 어찌 믿으리요 전파하는 자가 없이 어찌 들으리요 보내심을 받지 아니하였으면 어찌 전파하리요 기록된 바 아름답도다 좋은 소식을 전하는 자들의 발이여 함과 같으니라" 로마서 10장 14-15절

먼저 예수님을 믿고 구원받은 우리가 할 일은 아직 구원받지 못한 사람들에게 복음을 전하는 일입니다. 하나님께서는 우리의 입과 발을 통하여 이 세상의 믿지 않는 이들에게 구원의 복음을 들려주기 원하십니다.

(2) 선교와 성령

"오직 성령이 너희에게 임하시면 너희가 권능을 받고 예루살렘과 온 유대와 사마리아와 땅 끝까지 이르러 내 증인이 되리라 하시니라" 사도행전 1장 8절

복음을 담대히 전하려면 성령충만을 받아야 합니다. 성령께서 우리에게 오시면 우리가 주의 복음을 담대하고 능력 있게 전할 수 있도록 권능을 주십니다. 성령님께서는 때로 우리가 상상할 수 없는 기적을 통해 하나님 나라의 능력을 보여주십니다.

"밤에 환상이 바울에게 보이니 마게도냐 사람 하나가 서서 그에게 청하여 이르되 마게도냐로 건너와서 우리를 도우라

하거늘" _{사도행전 16장 9절}

성령님은 선교를 이끄시는 분이십니다. 우리가 복음을 전할 때 반드시 성령님을 의지하고 성령님의 인도하심을 따라 나아가야 합니다.

(3) 선교의 실천

"예수께서 나아와 말씀하여 이르시되 하늘과 땅의 모든 권세를 내게 주셨으니 그러므로 너희는 가서 모든 민족을 제자로 삼아 아버지와 아들과 성령의 이름으로 침례를 베풀고 내가 너희에게 분부한 모든 것을 가르쳐 지키게 하라 볼지어다 내가 세상 끝날까지 너희와 항상 함께 있으리라 하시니라" _{마태복음 28장 18-20절}

선교는 가까운 곳에서든지 먼 곳에 가서든지, 예수 그리스도의 구원을 모르는 사람들에게 복음을 전하는 것입니다. 그리고 복음을 받아들인 영혼들에게 침례를 받게 함으로써 예수님 안에서 거듭난 영혼이라는 사실을 공표합니다. 여기서 끝이

아닙니다. 이후에는 성숙한 신앙과 인격을 가진 그리스도인이
되도록 하나님의 말씀을 배우게 해야 합니다.

"바나바는 착한 사람이요 성령과 믿음이 충만한 사람이라
이에 큰 무리가 주께 더하여지더라" 사도행전 11장 24절

복음은 우리의 말로만 전해지는 것이 아닙니다. 우리가 하
나님의 말씀을 실천하며, 하나님의 사랑을 실천하며 살 때, 복
음은 전해집니다. 우리 한 사람 한 사람이 작은 예수처럼 살아
갈 때 우리의 삶의 모습을 통해 예수 그리스도를 전하게 되는
것입니다.

신인환 선교사님은 15년 동안 아프리카 54개 나라 중 33개 나라를 다니며 한센인 사역을 하고 계십니다. 그는 21살 군복무 시절, 고된 훈련 가운데 자기도 모르게 "아프리카의 가장 가난하고 힘든 지역으로 가서 그들을 섬기겠습니다."라는 고백을 했습니다. 그는 그 고백대로, 2001년 2월 아프리카 선교사로 파송받았습니다. 아프리카로 떠나기 전에 온 가족과 함께 소록도를 방문하였는데 그때 주님의 음성을 들었습니다. "이 세상에 내가 택한 내 백성 가운데, 가난과 질병으로 가장 고통당하며 탄식하는 백성이 바로 아프리카 한센인들이다. 그들에게 주님의 사랑과 복음을 전하라."

그는 아프리카에 가서 복음을 전하는 동안, 말라리아와 각종 풍토병으로 몇 번이나 생사의 고비를 넘겼고, 최근에는 암 수술까지 받았습니다. 그러한 중에도 아프리카에서 절망에 처한 자들을 섬기고 있습니다. 지금은 세계에서 세 번째로 가장 가난한 나라인 아프리카 부룬디에서 한센인 사역, 고아 사역, 장애인 사역, 교회 사역을 하며 선교센터를 건립 중에 있습니다. 그는 이렇게 고백합니다. "아프리카에 가서 첫 한센인 사역지에 갔을 때 사람의 몸이 썩어가는 냄새로 쓰러질 것 같았습니다. 그래서 '주님! 저의 후각을 막아 이 냄새를 맡지 않게 하옵소서'라고 기도했지요. 그 순간 한센인 가슴에 주님의 모습이 나타났어요. 그때 이후 지금까지 한 영혼, 한 생명을 사랑하고 있습니다.

† 요약

1. 예수님께서 십자가의 대속 사역을 이루시고 부활 승천하시며 제자들에게 구원의 복음을 온 천하 만민에게 전하라고 명하셨습니다. 오늘날 예수님을 믿고 구원받은 우리의 할 일은 아직 구원받지 못한 수많은 이들에게 이 복음을 전하는 일입니다.

2. 예수님의 제자들은 성령충만을 받고 권능을 받자 담대하고 능력 있게 복음을 전했습니다. 성령님은 오늘날 우리에게 능력과 은사를 주셔서 우리가 복음을 전할 때 담대하고 능력 있게 복음을 전하게 하십니다.

3. 우리는 우리 주변이나 또는 해외 먼 곳에 가서 예수 그리스도를 모르는 사람들에게 복음을 전해야 합니다. 또한 하나님의 말씀대로 순종하여 살고 하나님의 사랑을 실천함으로써 복음을 증거해야 합니다.

† 묵상

1. 예수님께서 "온 천하에 다니며 만민에게 복음을 전파하라"고 하신 말씀을 오늘날 우리의 삶 속에서 어떻게 실천해야 할지 생각해봅시다.

2. 성령충만은 복음 전도에 있어 어떤 중요성을 가지고 있는지 생각해봅시다.

3. 우리는 어떤 방법으로 복음을 전해야 하는지 생각해봅시다.

† 적용

1. 매일의 삶 속에서 예수님께서 명하신 복음 전파의 사명을 실천하며 살아갑시다.

2. 성령님께서 어떻게 우리를 복음 증거의 삶으로 인도하시는지 체험해봅시다.

3. 일상의 삶의 영역과 삶의 방식 가운데 실제로 복음 전도를 실천해봅시다.